COMITÉ RÉPUBLICAIN, RADICAL, SOCIALISTE

SOCIÉTÉ

DU

DENIER ÉLECTORAL

DE

SAINT-ÉTIENNE (Loire)

STATUTS

SAINT-ÉTIENNE
IMPRIMERIE TYPOGRAPHIQUE MÉNARD ET DING
anjle des rues Gérentet et de Lodi.

1881

SOCIÉTÉ DU DENIER ÉLECTORAL

STATUTS

ARTICLE PREMIER. — Une Société est fondée à Saint-Étienne (Loire), sous le titre de : **Denier électoral.**

ART. 2. — Le but de cette Société est la création d'un fonds social destiné à la propagande électorale.

ART. 3. — Le DENIER ÉLECTORAL, ne devra soutenir que des candidatures ouvrières.

ART. 4. — Le Candidat proposé par le Comité devra être un ouvrier employé aux travaux manuels et dont les capacités, la position et l'honorabilité soient une garantie pour la défense des intérêts du prolétariat.

ART. 5. — Le nombre des Membres de la Société est indéfini, il sera composé de tous les électeurs qui adhèreront aux présents Statuts et qui verseront annuellement une cotisation de 1 fr. 20 cent.

ART. 6. — Les versements de l'annuité auront lieu tous les trois mois et d'avance.

ART. 7. — Tous les Candidats élus dont le mandat serait rétribué, devront abandonner au DENIER ÉLECTORAL, le dixième de leur rétribution et cela jusqu'à l'expiration de leur mandat.

Art. 8. — Les dons, collectes et produits de conférences faites au profit du DENIER ÉLECTORAL, seront versés au même titre que les cotisations, dans la Caisse de la Société.

Art. 9. — Aussitôt qu'une somme de cent francs sera disponible, elle sera versée à la Caisse d'Epargne pour produire des intérêts au bénéfice de l'œuvre.

Art. 10. — Le Comité sera composé de cinquante Membres pour chaque canton et prendra le nom de Comité central. Ces cinquante membres cantonnaux nommeront dix Membres choisis parmi eux pour former le Comité dit d'initiative.

Art. 11. — Le Comité d'initiative ainsi composé de quarante Membres, se réunira tous les quinze jours au siége social, place du Peuple, 18, mais de condition expresse sera en permanence pendant les périodes électorales.

Art. 12. — On nommera une Commission de contrôle qui sera composée de deux Membres cantonnaux et d'un troisième pris dans le Comité d'initiative.

Art. 13. — Le Comité d'initiative nomme lui-même les Membres de son Bureau, son Trésorier et fait son règlement intérieur.

Art. 14. — Les Trésoriers de chaque canton seront obligés de faire leurs versements tous les mois et plus souvent si les circonstances l'exigent.

Art. 15. — Un livret ainsi que les Statuts seront délivrés à tous les citoyens faisant partie de la Société.

ART. 16. — La réunion générale aura lieu tous les six mois.

Le Président,

THEVENON.

Le Trésorier,

BEGON.

Le Vice-Président,

LARBEC.

Le Secrétaire,

NAIGEON.

~~~~~~

SIÉGE SOCIAL :

18, Place du Peuple, 18

~~~~~~

DROIT DE RÉCEPTION

Nom ....

Prénoms ....

Profession ....

Domicile ....

Canton ....

DATES		VERSEMENTS	SOMMES	
		1er versement.		
		2e versement.		
		3e versement.		

1881

JANVIER	FÉVRIER	MARS
AVRIL	MAI	JUIN
JUILLET	AOUT	SEPTEMBRE
OCTOBRE	NOVEMBRE	DÉCEMBRE

1882

JANVIER	FÉVRIER	MARS
AVRIL	MAI	JUIN
JUILLET	AOUT	SEPTEMBRE
OCTOBRE	NOVEMBRE	DÉCEMBRE

1883

JANVIER	FÉVRIER	MARS
AVRIL	MAI	JUIN
JUILLET	AOUT	SEPTEMBRE
OCTOBRE	NOVEMBRE	DÉCEMBRE

1884

JANVIER	FÉVRIER	MARS
AVRIL	MAI	JUIN
JUILLET	AOUT	SEPTEMBRE
OCTOBRE	NOVEMBRE	DÉCEMBRE

1885

JANVIER	FÉVRIER	MARS
AVRIL	MAI	JUIN
JUILLET	AOUT	SEPTEMBRE
OCTOBRE	NOVEMBRE	DÉCEMBRE

1886

JANVIER	FÉVRIER	MARS
AVRIL	MAI	JUIN
JUILLET	AOUT	SEPTEMBRE
OCTOBRE	NOVEMBRE	DÉCEMBRE

1887

JANVIER	FÉVRIER	MARS
AVRIL	MAI	JUIN
JUILLET	AOUT	SEPTEMBRE
OCTOBRE	NOVEMBRE	DÉCEMBRE

1888

JANVIER	FÉVRIER	MARS
AVRIL	MAI	JUIN
JUILLET	AOUT	SEPTEMBRE
OCTOBRE	NOVEMBRE	DÉCEMBRE

1889

JANVIER	FÉVRIER	MARS
AVRIL	MAI	JUIN
JUILLET	AOUT	SEPTEMBRE
OCTOBRE	NOVEMBRE	DÉCEMBRE

1890

JANVIER	FÉVRIER	MARS
AVRIL	MAI	JUIN
JUILLET	AOUT	SEPTEMBRE
OCTOBRE	NOVEMBRE	DÉCEMBRE

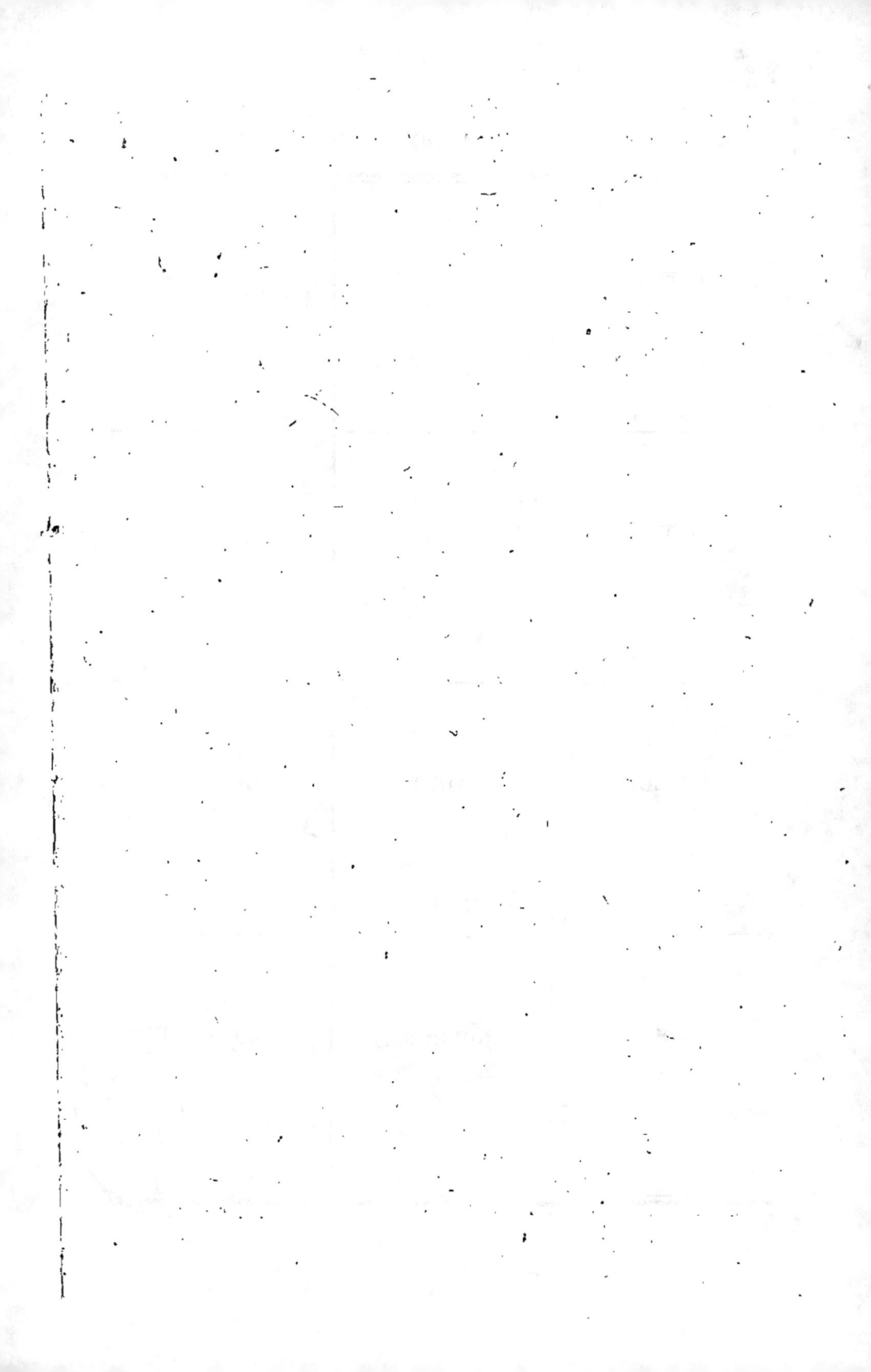

www.ingramcontent.com/pod-product-compliance
Lightning Source LLC
Chambersburg PA
CBHW060722280326
41933CB00013B/2534